JN192295

旅して稼ぐ

海外雑貨 バイヤーズ ガイド

青木ヨースケ

旅して稼ぐ 海外雑貨バイヤーズガイド　目次

序章
海外旅行でビジネスをしてみないか！

海外旅行を旅行だけで終わらせるって、もったいない。

日本という国は諸外国に比べてとても安全で、暮らしやすいところだ。

が同時に、開業率が低く、自らリスクを取ってビジネスをする人が少ないところでもある。

アメリカの話しを持ち出さなくても、近隣の中国や韓国の人たちと付き合っていると、びっくりするほど簡単に独立することが多いので、驚くことが多い。

ちょっと経験を積んだ人たちがどんどんと自分たちのビジネスを始めていく。

この本の目的は、とりあえず自分のリスクでビジネスのきっかけを作ってみないか？　海外旅行を旅行だけで終わらせてしまうのではなく、うまく小遣い稼ぎにも変えてしまうのはどう？準備も大切だが、とにかく始めてしまって、やりながら考えていくのもいいんじゃない？　という感覚を出来るだけ多くの皆さんと共有することにある。

こんなことを言っている僕自身だが、何の経験も無かったのだが、何となく出来そうだと思い、闇雲にビジネスを始めた無謀な男だ。

それまではまったくビジネスに関わったこともない。ビジネスをやろうと思ったこともない。割の良いバイトを見つけて、小銭を稼ぎ、その小銭でできるだけ旅に出た。その旅の途中で、ビジネスのきっかけを経験することになった。

経験のないあなたが一歩踏み出すきっかけになることを願い、20年以上前、僕が輸入ビジネスを始めるきっかけとなる過去に少し触れてみようと思う。

それはベトナムで始まった。

学生時代はできるだけ旅に出ようと思っていた。僕が好きな格好の良い大人たちが人生において「旅」は何よりも大切だと言っていて、僕が何者かになるためには「旅に出なければならない」と思い込んでいたからだ。

何かの勉学を成し遂げた達成感などはまったくないが、日本中を旅したり、世界中を旅した。

時には一人旅、時には友人と。自由気ままにいろいろな場所をふらふらと漂った。

ビジネスのきっかけは旅の途中だった。

一人旅ではなく、かつてスタッフをしていた市民団体の主催するアジアをまわる船旅に参加していた。

▲インドにて

▲海外で、いろいろな人たちと出会った。

その寄港地としてベトナムに寄港した。

1992年のホーチミン市ではスリやひったくりが日常的に起こっていた。

ふつうに歩いていると、そんなに危険な雰囲気は感じないのだが、ちょっと目を離した隙に、あっという間に貴重品が盗られていく、そんな話が街中にあった。まさか自分が盗られるとは思っていなかったが。

平和な公園のベンチで、貴重品を足にはさみながらちょっとウトウトと眠ってしまった。

ほんの数分のことだと思う。がその数分の間に、僕が足にはさんでいたバッグの中からは大切にしていたカメラが抜き取られていたのだ。

はっと気づき、周りを見渡すと、明らかに雰囲気がおかしいのだが、誰も助けてくれない。

誰に尋ねても、何も教えてはくれなかった。

買ったばかりのカメラは盗まれ、残ったのはパスポートと現金300ドル。

くやしさは残ったが、基本的に気持ちの切り替えは早いほうだ。

どうやってくやしさを紛らわせようかと、ホーチミンの街中を歩いているときに、一緒になった雑誌記者がこんなことを教えてくれた。

「ベトナム戦争のときに米兵が使っていたZIPPOライター（オイルライター）が日本ではとても人気があるようだよ」

街をふらふらしてみると、日本では15000円から2、3万円で売っているようだと聞いていたライターが6ドルから7ドルで売っている。

いつ死ぬかわからない米兵たちが、ライターの表面に、思い思いの絵柄やメッセージを彫ってもらっているので、いろいろな絵柄のものがあった。

僕はたばこも吸わないので、ライターは持たない。

つまりライターには詳しくない。が日本で高く売っていることだけはわかったので、勝負をかけた。

盗まれたカメラ代を取り返すために、残った300ドルでライターを買えるだけ買うことにしたのだ。

お店をまわり、交渉して、集めたライターは50個。

50個のライターが仮に15000円で売れた場合は75万円となる。

カメラ代も十分に回収できることになる。

当時はスマホなどまったくなかったので、細かい情報などはまったく取れなかったのだが、とにかく50個のライターを日本に持ち帰ることにした。

フリーマーケットで大成功

持って帰ってから、どうやってお金にしたらよいか？　考えはじめた。お店に売る。テキヤのように道で売る。フリーマーケットで自分で売る。それくらいしか思い浮かばなかったが。まずベトナムジッポーを売っているお店を調べ、聞いてみた。僕のライターを買ってくれないかと。

答えは「5000円なら買っても良いよ」。今から考えると6、7ドルと言えば1000円程度。5000円で買ってくれればラッキーということになるのだが、当時の僕はそう考えなかった。

なんで店で15000円以上で売っているものを5000円でしか買ってくれないのか？！

そんなんだったら自分で売ったほうがマシだ！！

お店を出すほどのお金もコネクションも経験も無かったので、どうしたらいいか、まったくわからなかった。

テキヤのように道で売ることにも挑戦してみた。スペインの街角で手作りアクセサリーを売りながら旅を続けた夫婦の回顧録に影響を受けていたこともある。人通りの多そうな表参道などでライターを並べてみたりしたが、ほとんど売れなかった。

当時、勢いのあったフリーマーケットにも出してみた。これがきっかけで、僕は人生をさらに踏み外していくことになるのだが。

初めて出店したのは代々木公園のフリーマーケット。当日は雨になり、開催中止となった。のだが、会場には行ってしまったし、そこそこ人も出ていた。ゲリラ的に商品を並べている人もいたので、それにならってゴザの上にライターを並べてみた。

すると驚くことに人がけっこう集まってきて、15分くらいで7万円くらい売れてしまったのだ。

その日は雨だったこともあり、そこで切り上げたのだが、明らかにこれは「イケる！」という感覚をつかんだ。

それからはいろいろな場所で開かれているフリーマーケットを調べて、毎週どこかに出店するようになる。

ライターだけ売っていると、リサイクル目的で主催している市民団体から出店停止のペナルティをもらってしまうので、もらった古着や拾った電気製品なども一緒に持っていき、プロの？フリーマーケッターとしてやっていくことになる。

　代々木公園で売れたあとすぐに2万円で埃まみれのシビックを買い、毎週どこかのフリーマーケットに出店。

　人手が足りないので彼女や友人には当然のように手伝ってもらった。

　フリーマーケットだけでは面白くなくなり、業者用の催事などにも顔を出すようになる。

　当時の友人に喫茶店の息子がいて、喫茶店の横のガレージでもガレージショップを始めた。

　何の経験もないのだが、思ったままに作ったガレージショップはなんだか良く売れた。手作りでビラを作り、周辺の家のポストに入れまくったりした。そんな学生ノリのお店が面白いと思ってくれた人がそれなりに居たのだろう。

　始めて半年くらいで、喫茶店の横のガレージやフリーマーケットの販売で月商200万円ほ

▲僕がフリマを始めたころ。

どになってしまった。

　週末にはサラリーマンの友人や学生をアルバイトに雇い、見よう見まねで商売を拡大していった。

楽しいし、儲かる「海外仕入れ」

　大学をでて、試しに就職していたのだが、海外仕入れである程度の収入がある僕は、たった3週間で会社を辞めてしまう。

　海外に出かけて、いろいろなものを探し、それを輸入する。その自由さにすっかりハマってしまったからだ。

　多くの人は、素人が適当に海外から商品を持ち込んだって売れないだろうと思って、何もしないだろう。

　ところが僕は常識が無いというかスーパー楽観主義なのか？

　よくわからないことは人に聞きながら、とにかくなんでも試してみた。

　バックパッカーとして旅をしていた、その延長線上でいろいろな国に行ってみて、日本で売れそうなものを試して買ってみた。

　自由な学生のようなノリでやってはいたが、しっかりと利益は取れるようになっていた。

　何も経験の無い素人が一年を過ぎるころには月商で1500万円くらいの売り上げを取れるようなった。

　その翌年は月商3000万円。まあ時代と運というか巡り合わせのようなものが大半だとは思っているが、それから25年以上、海外を行ったり来たりしながら飯を食えているのだから、まあ中々ステキな仕事ではあるはずだ。

　旅行好きな人であれば、海外仕入れを覚えればぜったいに楽しい。

　いろいろな場所に行き、いろいろな人と会い、いろいろな商品を探す。

　たくさん飛行機に乗り、航空会社のマイルもたくさんたまる。

　そして各地の料理をいろいろと試してみる。

　僕の場合は、今はそれらがちゃんとした仕事となっているのだが、正直に言って「仕事っぽくない」。

もちろん楽しいことばかりではないのだが、まあけっこう楽しいというのが本音だ。

仕事をつまらないと言う人はけっこういるようだが、僕はその反対だ。
遊びのように仕事をして、仕事のように遊ぶ。というか仕事も遊びも区別も差別も無い。

僕がやって来たことが、とても難しいことならば、みんなにススメることもない。
が、実際にやってみたら、そんなに難しくもないよね？　ちゃんと考えて取り組めば、それなりに面白いんじゃない？　つまり儲かっちゃうんじゃない？　というのが僕の本音だ。
だから、ちょっとやってみませんか、海外仕入れを！！

▲全国のフリマを回っていたころ。

▲仕入れから販売まで、すべて自分でやっていた。

▲中国で時計の買い付けをしている2017年の僕。

第1章
買い付けスタート

パスポートの取り方

とりあえず、最初はパスポートを取らなくては話しにならない。まず、そのやり方から入ろう。

パスポート申請に必要な書類

①一般旅券発給申請書

申請書は、パスポート申請窓口でもネットでも入手できる。

申請書は10年間有効と5年間有効のものに分かれている。

②戸籍謄本・または抄本

申請日前6か月以内のもの。

③住民票の写しは、基本的には不要だが、特別の場合、必要になることもある。

④写真1枚（縦45ミリ横35ミリの縁なし。背景が無地で申請日前6か月以内に撮影されたもの）

⑤申請者本人に間違いないことを証明できるもの（マイナンバーカード、運転免許証など）

以上の書類をすべてそろえて、住民登録をしている都道府県のパスポート申請の窓口で申請しよう。

受理の時に必要なもの

だいたい10日前後あとに、交付窓口に行って受理できる。その際必要なものは、

・申請の時に渡された受領証。

・手数料　必要額の収入証紙、収入印紙を受領書に添付。手数料は20歳以上で10年有効の旅券だと、合計16000円。

航空チケットの取り方

空港でのサービス

LCCの方が割高になる場合も！

雑貨を海外から買い付けして持って帰るのなら、だいたいはハンドキャリー。発送の手間が

かからず、最初に手掛けるなら、それがいいだろう。

　航空会社によって、ハンドキャリー出来る量が違う。LCC(バニラ、エアアジア、春秋など)では、せいぜいバックーつくらい。

　JALやANAだと、23キロが二つ、46キロはおカネがかからない。46キロというのは、雑貨ならば、まぁまぁの量になる。

　ちなみにマイレージのクラスが上の「上級会員」は96キロまでOKだったりする。(年間5万マイルで、翌年には「上級」に)

　荷物は機械のハラに乗せて、機内に持ち込む荷物はカウントしない。身の回りの着替えなどの荷物を5キロくらいに抑えれば、50キロくらいにできる。

　46キロでも段ボール二個くらいのイメージで、アクセサリーなど、かさばらない雑貨を買いそろえれば、相当イケる。

　一方で、LCCは持ち込み料金が高い。たくさん買いつけようとすればかえって割高。便の発着が遅れる危険も高いし、万一、落ちた時の保険もほぼない。

大韓航空、タイ航空など、国を代表する航空会社は使える。

　JALなどの日系ほどではないものの、大韓、タイ航空などはサービスも悪くないし、日系ほどではないが、荷物の量は持ち込める。中国系は概してサービスが悪い。

▲さあ、いよいよ出発だ。

「上級会員」になるための飛行距離5万マイルは、そう簡単ではない。

　「上級」になれば、エコノミーでもビジネスでも、持ち込める荷物の量などは同じ待遇。

　ただ、資格を取るためには、相当、頻繁に海外と日本を行き来しなくてはならない。

クレジットカード、それもゴールド、プラチナは必携

　アメックスのゴールドなら、成田、羽田から荷物一個（30キロ以下）タダで送れる。プラチナだと二個送れる。

　ビザ、マスターなら、ゴールドで一回500円程度で30キロまで送れる。

▲まずは荷物を預ける。

　海外と買い付けで行き来するなら、こうしたカードを何枚か持っていたい。

　ところがゴールドカードで空港から荷物を送れるのは案外知られていない。

　海外出張の多いサラリーマンなどはよく利用する。

　冬場でコートを着てきたりしたら、ラウンジで預かってくれ、帰国した時に返してくれたりもする。

両替

　空港での両替は、レートが悪いのもあって、なるべく避けるか、行うとしても最小限にしたい。一番安心なのは日本の銀行であらかじめ両替するか、現地の銀行に行く。街の両替商はレートが店によって違うし、よほど事情通になってから利用したい。

▲空港の両替はレートが最悪。

ホテル

リーズナブルではあっても安すぎない宿がいい。「安宿」に泊まり、現金や貴重品を盗られた話はけっこうある。交通の便、市場との近さも考慮したい。

荷物の発送

ホテルには発送サービスは基本的にない。

金額が多くなければ、はじめはハンドキャリーで空港までもっていくことにこだわりたい。「荷物をたくさん持つのはイヤ」という人は海外買付けビジネスには向いていない。

僕は100キロくらいは持ち運べるし、二人で150キロ、三人で200キロなんて、よく空港に持ち込む。

最初はやはりハンドキャリーの範囲でも、いろいろ買える。

ヘアアクセサリーやネックレスだけでなく、Tシャツあたりも軽いし、運びやすい。

慣れてきたら国際宅配便を使えばよい。

ただ、商品が壊れないように、詰め方や包装の方法は考える必要がある。

商品の種類は多めに。

アクセサリーが仮に一個50グラムとして千個仕入れれば50キロ。ハンドキャリーで持ち帰れるほぼ限界になる。一個200円として千個で20万円なので、このくらいの金額で買える商品はたくさんある。

▲現地についたら、バスかタクシーなどで市街へ。

　もっとも、その千個を一種類だけに絞って買うのは、ハイリスク、ハイリターンであまりお勧めできない。「カワイイ」「売れる」と思ったものでも、タイミングや一人ひとりの感性でどんどん変わっていく。

　出来れば、自分の好みだけでなく、より多くの人が気に入ってくれそうな商品を何種類かピックアップして買う方がいい。

▲どの店舗にも、所狭しと商品が並んでいる。

「気に入ったモノ」ではなく、「日本で売れそうなモノ」を持って帰るのが、「輸入雑貨屋」の目的なのだから。

とにかく最初は小さくて軽いモノ

日本国内に戻っても、アクセサリーなどだと、車を持っていなくてもスーツケース移動でフリマなどで売れる。これが靴などになると、車がないとキビしい。無難なのがヘアアクセサリーあたり。Tシャツも、サイズはいろいろだし、新しいものがどんどん出るので、扱いやすい。だが、扱いやすいってことは、他の人も売るわけで、そこをどう「差別化」するかは本人のセンス。

▲アクセサリーは軽くて扱いやすい。

狙うならアジア！

海外買付けといっても、効率のよさを考えれば、やはりアジア圏、それも東アジア、東南アジアがいい。

欧米は遠くて、しかも商品の価格も高い。すべてに経費がかかり過ぎる。西アジア、アフリカ、中南米などはインフラが整っていない。

この本では、そのアジアの中でも、特に注目すべき韓国・ソウル、タイ・バンコク、中国・広州の三都市にしぼって、マーケットを紹介していく。

第2章
韓国・ソウルで「買う」

台湾と並ぶ、日本に最も近い外国である韓国。その首都のソウルは、東京の羽田、成田から飛行機で約2時間、福岡からなら約1時間半でいける。

JAL、ANA、大韓航空をはじめ、航空便の数も多く、しかも飛行機代もとても安い。

英語はもちろん、日本語も多くの場所で通じる。

つまり、海外買い付けに行くためには、初心者にとって、最もやりやすいところ。

日本と時差もなく、観光目的ならば90日まで、ビザなしで滞在できる。

●**通貨：**ウォン。1円＝10ウォン前後（2018年現在）変動相場制なので、毎日変わる。

●**両替：**銀行、ならびにマーケットに行けば、どこにも両替所がある。やはり、空港での両替は損。

●**Wi-Fi環境：**街中でWi-Fiを無料で使えるスポットがけっこうある。が、出国時に一日定額（千円ちょっと）で海外のWi-Fiルーターを借りていくのがオススメ。使っているスマホをそのまま国際ローミングで使うことも出来るが割高。

●**市内での移動：**地下鉄がとても便利。主要なマーケットである東大門、南大門も地下鉄沿線にあるので、アクセスは非常に楽。

買い付け先としてのソウルには、どんなメリットがあるのか?

近くて、安い。

やはり一番のメリットはここ。思い切り安くいこうとすれば、往復の飛行機代にホテル代込で1万円台のツアーまである。出来るだけ飛行機代やホテル代を節約して買い付けに使おうとするなら、ソウル以上のところはない。

主要マーケットが狭いエリアに集中している。

ソウル中心街の東大門、南大門をおさえれば、ほぼ行きたい場所は網羅。しかも、地下鉄をはじめ、どちらも交通の便はすこぶる良好。

一日中、どこかのマーケットが開いている。

ソウルでありがたいのは、朝開店する店もあれば、昼間から始める店、夜開店して翌朝までやっている店などがあり、回る気になれば、一日中でも、買い付けが出来ること。

日本語もけっこう通じるし、英語もまずまず。

とにかく日本人観光客の比率はいまだに高い。そのために日本語もけっこう通じるし、英語もOKなので、コミュニケーションで困ることはほとんどない。

治安もまずまず。

混雑したマーケットでのスリ、置き引きをはじめ、もちろん犯罪がないわけではない。しかし、日本以外の他の国と比べれば、犯罪発生率は多いとは言えない。

商品の品質が安定している。

他の国では、商品を追加発注して、届いてみたらやたらとクオリティの低いものだったり、ぜんぜんデザインが違っていたり、などのトラブルがしばしばある。

が、ソウルでの買い付けに関していうと、その危険はあまりない。品質のレベルを大切にする習性は日本人と似ているのかもしれない。

ファッションの傾向が日本に近い。

　今や、韓国と日本の間にファッション感覚のギャップはない。韓国で発信されているものが、そのまま日本で通用することが多い。中国だと、そうはいかないことがけっこうある。体型、日常生活の生活感など、共通の部分も多く、親和性があるのだろう。

　だからソウルでの買い付け商品は、そのまま日本にも通用するケースが多い。

マスコミで騒ぐほどの「反日感情」はない。

　日本のテレビや新聞を見ると、まるで韓国では国を挙げて「反日」活動をやっているように報道されているが、それほどではない。あくまでマーケットの韓国人にとっては、日本人は大事な「お客さん」。日本人と比べて、やや我を通したがるところはあるものの、全体的にはフレンドリー。

店も交通機関も、割合、明朗会計。

　メーターで走るのを嫌がるタクシーなどはあるものの、まず、さほどボッタクリは多くはない。ただし、深夜の移動は気を付けて。

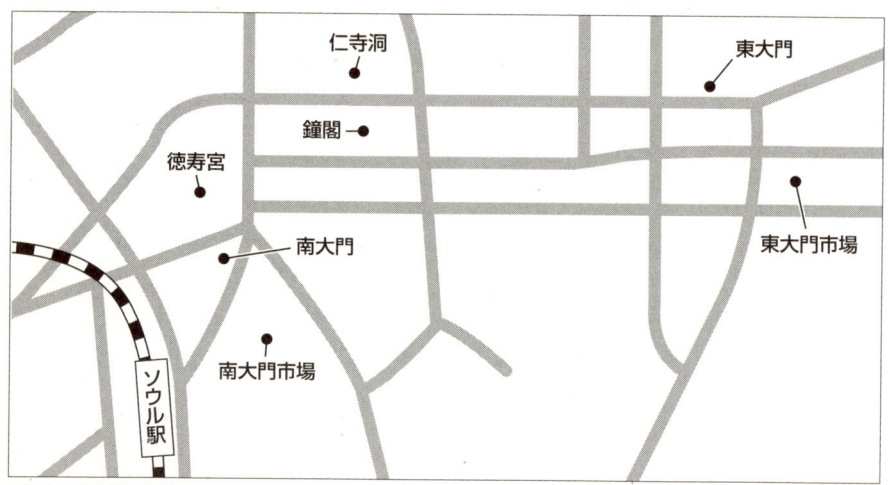

▲ソウル中心街・地図

予算30万円で行くソウル

飛行機代・宿泊費
3～4万円（探せば2～3万円のホテル付ツアーもある。）

食費
2泊3日として一日2千～3千円くらい。（期間が短ければ、少々、贅沢な食事も可能。）

買い付けに使うおカネ
25万円程度（韓国通貨で250万ウォンくらい）

主な商品価格帯
アクセサリーなどをはじめ、高いものは、もう何万、何十万ウォンと天井知らず。ただ、雑貨などで、一番中心になる価格帯は5千～1万ウォンくらいで、これを買って、どう日本で2、3千円くらいで売るか、を考えるのが現実的。

もちろんもっと安い、千ウォンくらいの商品を大量に買って数百円で売る手もある。

ソウルの主なマーケット

●南大門市場
最寄駅はソウル地下鉄4号線の会賢駅。ソウルの市内にある四大門の一つ、「南大門」を中心に、その周囲に合わせて1万店以上の店舗が連なる。日用品、食品などを買う地元の客とともに、衣料品、雑貨、韓国の特産品などを仕入れにやってくる韓国国内の業者、海外から来るバイヤーもいる。日本人観光客にとっても、主要な観光スポットになっている。どちらかというと、「古き良きソウルの市場」といったイメージが強かったが、近年はファッションビルなども目立ち、近代的イメージに脱皮しつつある。

●サムホウジュ・アクセサリー

営業時間 ◆ 午前7時から午後5時（土曜は午後2時までで日曜休業）	
取扱商品 ◆ アクセサリー、シルバー製品など	

　アクセサリーをチェックするなら、ここ。単に商品を売るだけでなく、作業スペースがあって、現地のスタッフがアクセサリーを作っているところを見学できる。

　だから、どんなふうに商品を作っているのかもよくわかる。もっとも、「丹精込めて」という感じはあまりなく、携帯でおしゃべりしながら、とか割と気楽に作業している。

　アクセサリー1つの単価はモノによっていろいろだが、割と中心になる価格帯はだいたい5千ウォン前後くらい。十分に手を出せる。

　日本人観光客を特によく見かけるところ。

●サムホアクセサリー

営業時間 ◆ 午前7時から午後5時（土曜は午後2時までで日曜休業）	
取扱商品 ◆ アクセサリー、シルバー製品など	

　サムホウジュと並ぶ、ソウルにおけるアクセサリーの聖地。

　こちらにも日本人観光客はとても多い。定番スポットだけに、どんな特徴のあるものを買うか、バイヤーのセンスが問われる。

●Eワールド

営業時間 ◆ 午前6時から午後5時	
取扱商品 ◆ アクセサリー、花、輸入商品など	

　会賢駅から徒歩1分で、特に便利。

　全体が5つの「商店街」で構成されているが、やはり中心になるのは、アクセサリー。

　イヤリング、ネックレス、指輪といった定番商品だけでなく、カチューシャ、シュシュ、コサージュに至るまで、実に多種多様なタイプの商品が揃っている。

　日本人観光客は、サムホウジュに比べれば少なめか。

▲サムホウジュ・アクセサリー

▲サムホアクセサリー

▶Eワールド

●東大門市場

巨大なファッションビルが林立するファッションタウン。

そして「眠らない街」。日中には一般客がやってきて、深夜になると、今度は卸売店の営業で、バイヤーたちがやってくる。

ソウルにある四大門の一つ「東大門」の西側にあって、近代的なビルと昔ながらの屋台とがミックスされている不思議な空間。

地方から高速バスで買い付けにやってくるバイヤーたちのために、夕方から、深夜、明け方まで開けている店が多い。

どちらかといえば衣料品が中心。

最寄駅は、地下鉄1号線、4号線の東大門駅。

●東大門総合市場

営業時間 ◆ 午前8時から午後7時（一部、午前9時半から午後7時・日曜休業）

取扱商品 ◆ 生地、ボタン、レース、アクセサリー、カーテン、ホームインテリアなど

ビルの中に4千店あまりが密集する服飾材料の卸、小売りの総合市場。

衣料関係だけではなく、アクセサリー材料店もたくさん揃っている。価格は表示していないので、たとえば生地を買いたいのなら、計算機や巻き尺などを準備しておくといいだろう。

●東平和（トンピョンファ）市場

営業時間 ◆（地下）午前9時から午後9時、（1階から4階）午前5時から午後5時（日曜休業）

取扱商品 ◆ 女性服、男性服、下着などの衣料品、雑貨など

ここは、有名ブランドなどでシーズンが過ぎたものや売れ残ったものを卸値レベルで販売する、いわゆるアウトレット型市場。

男性服、女性服以外にもバッグや革製品などさまざまな品物が非常に安く買うことが出来る。ただ、ここでは、卸売りと小売の両方をしているため、返品や返金は出来ない。

▲東大門

▲東大門総合市場

▶東平和市場

●ヌージョン

営業時間 ◆ 午後8時から翌午前8時（日曜休業）	
取扱商品 ◆ 女性服、ファッション雑貨、靴など	

深夜営業のショッピングビルの一つ。

とくに女性服や靴など、安くていい品ぞろえをしていると評判。深夜になると、韓国、国外のバイヤーが沢山仕入れにやってくるので、開店直後、買い付けに行った方がゆったりと見られる。

●南平和（ナンピョンファ）市場

営業時間 ◆（地下と一階）午前零時から正午（休業は土曜の正午から日曜いっぱい）
（2、3階）午後8時から翌日午前10時（休業は土曜午前10時から日曜午後8時）
取扱商品 ◆ バッグ、婦人服、男性服

メインはカバン。そのかばん売り場があるのは地下1階と1階で、安いものから高級バッグまで、様々なものが揃っている。ただ、卸売り店なので、まとめて買わないと小売客として商品を売ってくれないことが多い。

●apM

営業時間 ◆ 午後8時から翌午前5時（土曜定休）
取扱商品 ◆ 男性服、女性服など

若者向けのファッションがメインのビル。

やはり小売りよりも卸売りの方が中心。オープンから約20年。ほとんどは、地元のデザイナーがデザインした服を直営の工場で生産していて、他のマーケットにはない独自のデザイン性が売り。

●apM Luxe

営業時間 ◆ 午後8時から翌午前5時（土曜定休）
取扱商品 ◆ 女性服、雑貨、靴など

こちらも深夜営業のファッションビル。

一応、卸専門だが、小売りをしてくれる店もあるため、日本人観光客の姿もぽつぽつ見かける。

服より、地下1、2階の雑貨売り場にいいものがある、という人もいる。

▲ 南平和市場

▶ apM

▲ヌージョン

▲ apM Luxe

●apM PLACE

営業時間 ◆ 午後8時から翌午前5時（土曜定休）

取扱商品 ◆ レディースファッション

2016年3月にオープンしたばかり。1着ずつの小売りはほとんどしない卸売りメインのビル。プロのバイヤーの出入りが多い。

7分おきくらいにapMとつながるバスが出ている。

●ユアス

営業時間 ◆ 午後8時から翌午前6時（土曜定休）

取扱商品 ◆ 女性服、男性服、雑貨など

これも深夜ショッピングビルのひとつ。

やはり卸売り専門で、小売りは断られることは多い。地元の若手デザイナーによるファッションが売りで、全体の雰囲気も若々しい。

他のビル同様、ここも深夜になるとかえって混むので、開店直後に足をのばしてみるのがいい。

品揃えが豊富なので知られるファッションビル。

●デザイナークラブ

営業時間 ◆ 午後8時から翌午前7時（土曜定休）

取扱商品 ◆ 女性服、雑貨、アクセサリー、バッグなど

特に女性服については、いわゆる定番のファッションから最新のものまで、幅広いターゲットの商品が揃ってる。どの店舗も専用の工場で生産していて、値段も手ごろ。

ただ、試着室などはなく、小売りに応じる店でも、卸売価格よりも高く設定していることがある。

もともと朝鮮戦争で北側から避難してきた人達が衣類を売る市場だった、といわれている。つまり、結構古い。

▲ユアス

▲デザイナークラブ

◀apM PLACE

●平和（ピョンファ）市場

営業時間 ◆ 午後10時から翌午後6時

取扱商品 ◆ 女性服、男性服、雑貨、ベルト、メガネ、スカーフ、帽子など

　ターゲットも若者ではなく、中高年向けの衣料品、ファッション雑貨などが多い。チマチョゴリなどの伝統衣装も目に付く。

●新平和（シンピョンファ）ファッションタウン

営業時間 ◆ （地下と一階）24時間営業（土曜正午から日曜午後9時まで休業）

　　　　　　（2階から4階）午後10時から翌日正午（土曜正午から日曜午後9時まで休業）

取扱商品 ◆ 女性服、男性服、下着、靴下、Tシャツなど

　特によく知られるのが、1階の下着の卸売り商店街。ズラッと下着が並ぶ風景は壮観だ。

　衣料品の販売アイテムは、どちらかといえば、あまり流行を追う感じではなく、ごく標準的なタイプのものが多い。

　堅実で実用的なものを求めるなら、ここ。

●東大門靴商店街

営業時間 ◆ 午前1時から午後1時（日曜休業）

取扱商品 ◆ 靴

　韓国中はおろか、外国からも仕入れに訪れる「靴の都」。デザインも最新のものから定番もののまですべて揃っている。値段も格安。

　靴好きならば、1日中ここにいても飽きないだろう。

▲平和市場

▲新平和ファッションタウン

▲東大門靴商店街

「ソウルでの買い付けを語る」

小林美千子

広島県出身。高校時代、アパレル店員のアルバイトをし、卒業後、アパレル会社に就職。国内展示会のバイヤーなどをつとめた後、韓国で洋服の買い付けをする会社に入る。現在は有限会社「ブリリアント」社長として、韓国や中国で、毎月、買い付けの仕事をしている。

　今、日本にいるのが月のうち3分の2。海外出張が10日くらい。海外で買い付けたものを日本で販売するのが主な業務です。

　買い付け先は韓国・ソウルと、中国では広州と義烏（イーウー）。義烏は、世界で一番、数多くの雑貨などが揃うマーケットとして知られています。

　それで、今回はソウルでの買い付けについて語ってほしい、とのことでしたので、それに絞ってお話しします。

　私がソウルに行くのは、だいたい2カ月に一回くらいの割合で、2泊3日くらいの日程で行くのが普通です。

　飛行機は午前中に現地に到着する便に乗って、まず南大門のアクセサリー市場を見に行きます。サムホウジュ、Eワールドといった市場がメインで、店は早朝から開いています。実質的には9時くらいから店員も動き出して、閉店は5時。サムホウジュは、特に日本人が多いところです。

　ここで、たっぷりアクセサリーを見た後、夕方、ホテルに向かいます。

　ホテルはできれば東大門にした方がいい。なぜなら、今度はベルトや帽子、雑貨もある平和市場が近いから。昼夜やっていて、夕方からでも、買い付けに行けるんです。東大門は、ネオンギラギラの眠らない街ですし。

　さらに夜も深くなると、ユアスやデザイナーズクラブで服の買い付けもします。これらの店は午後8時開店で明け方まで営業してます。

　つまりソウルの店で特徴的なのは、1日中、ジャンル別に動ける点でしょう。朝からの市場もあれば夜中の12時にはじまるところまであります。

　2泊3日だと、2日目もほぼ同じ流れで回って、3日目には帰ります。休みは土曜日曜なので、そこは避けるべきです。

　最近の傾向としては、日本人が減って、その分、中国人バイヤーがとても増えてます。夜の市場回ると、中国語で声をかけられたりします。

　ソウルの街は、とにかく変化が早いです。18年前に私が初めて足を踏み入れたころと、まったく街並みが変わってます。東京以上。昔はなかったカフェが増えて、今は中心街もカフェだらけ。

　常に息づいているし、韓国人は、中国にせよ、欧米にせよ、外に出ていこうとする意欲も、日本人よりずっと強いように感じます。

　日本人が買い付けに行くメリットとしては、まず日本語が割合通じることですね。通訳を頼む必要がない。英語もそこそこ通じます。スマホで通訳サイトの「Papago」なんかも使えばいいし。

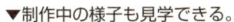

▼制作中の様子も見学できる。

ロットも2〜3個からでも買えるので、在庫を抱えなくても大丈夫。

　物価はだいぶ日本に近づいていて、カフェで飲むお茶なんて、日本よりも高いくらいです。でも、定食とかはまだ安いし、アクセサリーでも、日本にもっていって3〜10倍の値段がつけられるものもあります。

　中国の市場にあるものと比べて、カワイイ商品、トレンドものが見つかりやすいのもいいです。中国よりも、日本のトレンドを取り入れるのが早いんです。

　不思議ですよね。中国では、広州や義烏にしても、あんなにたくさん商品があっても、市場には韓国で出るようなオシャレ系がなかなか出ません。2〜3か月遅いんです。ファッション感覚が韓国のが早いんでしょうか。

　BIGBANGをはじめ、日本でもまた韓国アイドルが活躍してますよね。その影響もあって、日本の若いコで韓国ファッションが好きなコも多いし、ビジネスにもしやすいです。

　初めての人が回るのなら、とりあえずはサムホウジュから行くのがいいでしょう。日本のトレンドをおさえている店が多いし。ただし、店によって、同じものを違う価格で出してたりするので、しっかりチェックの必要はあります。

　また、日本人客が多いから、それだけそこで買ったものが日本にも出回っているわけです。そのまま売っても、「どうせソウルのサムホウジュで買った物でしょ」となる危険がある。「差別化」するために、ひと手間加える工夫も必要です。ピアスをイヤリングに変えてみるとか。

　サンプルとして、いくつかの商品を買ってみて、実際に販売して売れ行きがいいものを追加注文するのもありでしょう。ソウルの商品を見ると、「カワイー！」と日本人の女のコが喜びそうなものがとても多いんです。

　だからポーチとか、まず2〜3個だけ買ってみて、バッチをつけてみたり、短いヒモをつけてみたりして、売れ筋が見つかったら、追加注文すればいい。

　もし自己資金が20〜30万円くらいだと、洋服はちょっと高いですね。安いモノでも日本円で千円くらいはするし、コートなら1万円くらいが多いです。

　そんなに頑張らずに、サムホウジュあたりで200〜400円くらいのアクセサリーを狙った方がいいかも。ベルトも、安くてセンスのいいものがあります。

　売れそうな気がしたら10個買っても数千円。しかもかさばらない。

　中国あたりと比べて、ソウルは本当に楽。お店の人もずっとフレンドリーだし、言葉も通じやすいし。中国を難易度10としたら難易度2くらいかな。それにけっこう意外なくらい「親日」で、日本人が相手だと、より親切になってくれます。

　市場の中心の東大門も南大門も、地下鉄でもバスでも、人に聞けば、すぐ行けるので、迷う心配もありません。

　気を付けないといけないのは、おカネの桁を間違えやすいこと。1円＝10ウォンくらいなんで、韓国のおカネはやたらと桁が多いんです。だからうっかりの計算違いをしやすい。

　あとは、向こうは多くが個人商店で、基本は現金決済なこと。カードを使ったりすれば、売り上げが表に出てしまうでしょ。それを嫌うんです。カード決済を頼むと、10％プラスとかいわれたりします。

　だから、最初からカードは使えないつもりで回った方がいい。

▲ソウルには、「カワイイ」商品が多い。

お店には、ひとつひとつ店番号が出ているから、まず番号順に回って、気に入った商品を発見したら、スマホで、商品写真はもちろん撮ればいいし、店番号、値段、個数もすべて書き込んでおけばいいでしょう。

ソウル市内は、フリーのWi-Fiが飛んでるので、借りていかなくても、まったく困りません。地図も出るし、使い勝手もとてもいい。

店では、相手の名刺も受け取っておくべきだし、こちらの名刺も用意しておくのも大事です。

他の国ほどではないにしても、日本よりは盗難の危険はあります。荷物を背中に背負うリュックサックは、気づかないうちに物取りにあったりするので使わない方がいいかな。

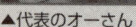
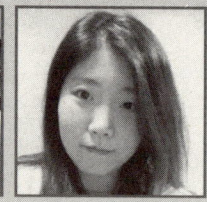

第3章
タイ・バンコクで「買う」

▲トゥクトゥク

航空便はJAL、ANA、タイ航空をはじめ、成田、羽田、関西国際、中部国際、福岡、札幌の各空港からバンコク行きが毎日飛んでおり、飛行時間はおおむね6〜7時間程度。

バンコクは、まさに東南アジアの「空の玄関」で、便数は近隣諸国と比べても圧倒的に多い。

時差は2時間遅れ。夏休みなどの混雑シーズンでなければ5〜6万円程度で往復航空券が入手できる。ホテル付のツアーでも、7〜8万円以内で、十分に取得可能。

空港からバンコク中心街まではバスもあるが、大きい荷物があるならタクシーがいいだろう。メータータクシーなら500バーツ（1500〜2000円）以内で行ける。

ただし、朝夕の道路の渋滞がひどいのと、メーターではなく、高い料金をふっかけてくるタクシー運転手も多いのに要注意。

●**通貨**：バーツ。1バーツ＝3〜4円（2018年現在）変動相場制なので、毎日変わる。
●**両替**：銀行、ならびにマーケットに行けば、どこにも両替所がある。
●**携帯電話の設定**：Wi-Fi機能をONにすれば、公共のWi-Fiを使える。
●**市内での移動**：BTS（スカイトレイン）という高架鉄道（モノレール）や地下鉄もあるが、タクシーが初乗り35バーツ（100円ちょっと）ととても安い。渋滞時は三輪自動車の小型タクシーともいえるトゥクトゥクの方が使い勝手がいいが、値段は割高。

バスは、タイ語の表示で、観光客は使いこなしづらい。

買い付け先としてのバンコクには、どんなメリットがあるのか？

旅行気分で行ける。

南国で楽しく、国民もフレンドリー。しかも、タイ人は、多く非常に親日。歴史的に日本と大きなトラブルもなく、日本の皇室とタイの王室とが親密なのも、好意的に見られている要因の一つ。

それに同じ「仏教国」としての親近感もあるかもしれない。

安宿も多い。…ただ安すぎる宿は危ない。

欧米や日本のバッグパッカーが多いので知られるカオサンロードをはじめ、安くて、しかも買い付け情報を豊富に仕入れられる場所が数多くある。

つまり、宿泊費の節約もしやすい。

かたことの英語もまずまず通じる。

外国人観光客の多いエリアなら、かたことの英語も通じるし、それにところによっては日本語も通じたりもする。だから値段交渉もしやすい。

初心者でも気軽に行ける市場がある。

入門編としてまず行くとしたら、あとでも触れるチャトゥチャック・ウィークエンド・マーケットのように、ちょうどピッタリのところがある。

日本人観光客も多いから、安心できる。

大量生産ではない手作り商品が多く、しかも安価。

大量生産品が主体の中国などと比べ、バンコクは陶磁器、アクセサリー、ファッション小物など、「手芸品」の匂いの強い手作りのものが揃っている。しかも、あまり商業主義に影響されていない、独自のデザインの商品も多い。

つまり「掘り出し物」が眠っている可能性が高い。

さらに、値段も安い。

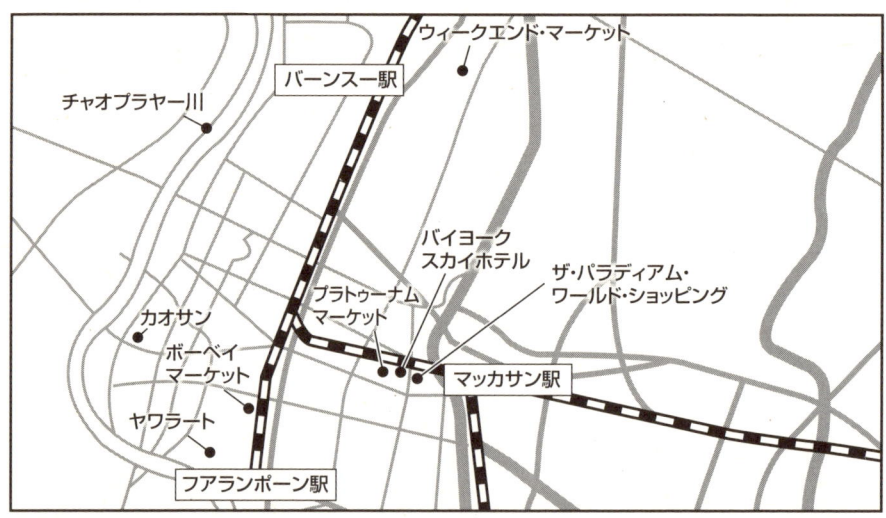

▲バンコク中心街・地図

地図ラベル:
- ウィークエンド・マーケット
- バーンスー駅
- チャオプラヤー川
- バイヨーク スカイホテル
- ザ・パラディアム・ワールド・ショッピング
- プラトゥーナム マーケット
- カオサン
- ボーベイ マーケット
- マッカサン駅
- ヤワラート
- フアランポーン駅

予算30万円で行くバンコク

飛行機代・宿泊費

5～6万円（探せば4～5万円のホテル付ツアーもある。長めの滞在なら安宿の方がいいかも）

食費

3泊4日として一日千～2千円くらい。（屋台の食事などを食べれば、一食200円くらいで十分においしいものが食べられる。コンビニも街中にある）

買い付けに使うおカネ

20～25万円程度（タイの通貨で6～8万バーツくらい）

主な商品価格帯

Tシャツ、雑貨、アクセサリーなど、だいたいどれも100～200バーツくらいのものが多い。100バーツ以下もけっこうある。

500バーツを超えるようなら、もうタイでは高級品。あまり売買されない。

▲どちらも単位はバーツ

バンコクの主なマーケット

●チャトゥチャック・ウィークエンド・マーケット

交通機関でいえば、地下鉄カンペンペット駅から徒歩１分。ＢＴＳモーチット駅からも近い。

土曜日曜の朝８時頃から夕方６時頃まで開いている。全部が開くのは正午前後。面積１平方キロあまりの敷地の中に、なんと、１万５千店くらいの店が集中する、超過密マーケット。大人ですら「迷子」になるので知られる。

だからこそ、衣料から民芸雑貨、アクセサリー、家具などありとあらゆるものが売っていて、外国人観光客も多いために、そこそこ英語が話せれば、まず会話も問題はない。

一度、商品の買い付けをして、それを店で預かってもらって他のエリアを回り、帰りにまた元の店に寄って持って帰る、なんてことも簡単に出来る。

食堂も、そこら中にある。

ただトイレはチップ制で、行くたびに５バーツずつ取られる。

▲チャトゥチャック・ウィークエンド・マーケット

●**注目すべきポイント**

◆**独自のデザインセンスを楽しめ。**

タイ独特の民芸品だけでなく、新進気鋭のデザイナーがデザインした時代の最先端を行く商品、ホントにこんなの買う人いるのか、と首をかしげるような奇妙なデザインまで、いわば「ごった煮」ともいえる独特の空間。

買い付けセンスを磨くために、こんなにピッタリな場所も世界中探してもなかなかない。

▲ユニークなデザインのTシャツ。

◆**自分が興味のある、特定のジャンルに絞り込め。**

まったく、どのジャンルの商品を買うか、前もって決めずに足を踏み入れると、もう店が多すぎて、混乱してしまう危険がある。

同じジャンルの店は、それぞれまとまっているので、全部を回ろうとするのではなく、2〜3区画に集中した方がいい。

「Tシャツ」「サンダル」なのか、「民芸品」なのか、「バッグ」なのか、オシャレなアクセサリーや小物なのか。

正解はない。自分のセンスを信じつつ、「これなら日本で売れる」と直感した商品を。

◆南国を楽しめ。

　狭い中でありつつ、裏通りに天然の木がそのまま生えていたり、縁日の屋台のような食べ物屋が並んでいたり、さながら、「南国のお祭り」気分。

　買い付けのためのマーケットとしてだけでなく、純粋に観光地として楽しめる。

▲週末は人でいっぱい。

▲簡素だが、クリエイティブな店がいっぱい。

●プラトゥーナム・マーケット

地下鉄の駅からも、BTSの駅からもだいぶ離れているので、タクシーで行くのが無難なエリア。地下鉄チットロム駅からも徒歩で20分近くかかる。

狭い路地にぎっちりと並ぶ店舗はTシャツをはじめとした衣料品が中心。

値段は、ウィークエンド・マーケットと比べてもだいぶ安い。半分とはいかないが、3分の2くらいか。だが、日本語はもちろん、英語もあまり通じないのが難点。

そもそも日本人が歩いているのをあまり見かけない。買い付けの人間はもとより、観光客がほぼ皆無。

ここもかつては、「メイド・イン・タイランド」が多かったのだが、近年は中国製のものが流れてくるようになった。

開店時間は多くの店がだいたい午前7時くらいから午後5時くらい。しかしはっきりした決まりがあるわけではない。早い店は2時3時には閉まるので、早めの時間に行くことがオススメ。

▲混むのは主に昼間。

●**注目すべきポイント**

◆**よりタイの、かつての日常生活に近づくことができる。**

　ウィークエンド・マーケットが、外国人も多い「よそ行き」の市場なら、こちらは昔ながらのタイの匂いがより強いところ。

　店先で食事をしながら、隣りの店の人と世間話をしている店番のおばさん、なんて光景をあちこちで見かける。

◆**衣料関係の品ぞろえが豊富**

　Ｔシャツ、ショートパンツなどから、派手な羽根やスパンコールのついたステージ衣装まで、あらゆる衣類が揃っている。

◆**少ないロットでも売ってくれるし、値引きにも応じる。**

　お土産として、一点のみの購入では通常の小売価格じゃなくてはなかなか売ってくれないが、５枚１０枚とまとめて買うと、案外、簡単に値引きしてくれたりする。

▲とにかくＴシャツは種類豊富。

●ヤワラート（サンペーン・レーン・マーケット）

　国鉄中央駅で、しかも地下鉄も接続するフアランポーン駅から、10分ほど歩くと、漢字の看板ばかりが目立つ、まるで中国に舞い込んだような通りがある。

　それがヤワラート通り。その南側には、幅の狭い細い道に小さな卸売りの店舗が密集するサンペーン・レーン・マーケットもある。

　いわゆるチャイナタウン。

　衣料系の店はどちらかという少なく、多いのは雑貨、アクセサリーなどの、小物系。それにベルトや帽子、メガネや時計ばっかりを売っているところなど、いろいろなジャンルがある。通りは、とにかく端から端までが長い。

　当然、どの商品も「メイド・イン・チャイナ」の比率が高いし、店の経営者にも中国系のタイ人が中心。

　全体として、ウィークエンド・マーケットに中国カラーをたっぷりとくっつけて、それにタイのローカル色も混ぜた感じ。スムーズな値段交渉をしたければ、外国人慣れしているウィークエンド・マーケットがいいし、安さを求めるなら、こちらがいい。

　だいたいの店は午前9時くらいに開いて、夕方には閉まる。

▲まるで中国。

●注目すべきポイント

◆雑貨類の豊富な品ぞろえと、安さ

バンコクの路上やマーケットで売られている雑貨類の多くが、ここで買い付けされているもの。だからこそ、値段は、他の場所に比べて、だいたい安い。

雑貨、アクセサリー類でいえば、一個10〜20バーツ程度の、「安物」がこれでもか、と並んでいる。ビーズやリボンをはじめとした手工芸品も数多い。

だが、「安物」とはいえ、独特のデザインの商品もあって、「掘り出し物」も見つけられる可能性十分。

▲商品が無造作に置かれる。

◆捜してみると、日本でも数千円で売れそうな商品も。

比率的には少ないものの、何軒か回ると、数百バーツ程度の、まずまずの値段の商品もある。

これが品質をチェックしてみると、だいたいが、案外、レベルが高い。日本で売っても、タイで千円でも日本だと1万円近くで売れるかも、といったものも混じっている。特にアジア雑貨、ハンドクラフトなどには要注目。

◆卸売りなので、基本的にはダース売り。

中には一個単位で売ってくれるところもあるものの、基本はまとめ買い。定価は決められていても、数が多ければ値段交渉の余地もある。

●ボーベイ・マーケット

BSTのナショナルスタジアム駅からタクシーで4〜5分くらい。

中心にある「ボーベイタワー」とその周辺がボーベイ・マーケットになる。

明らかに観光客が集まるウィークエンド・マーケットなどとは異なり、地元向けの卸売りがメイン。だからこそ、特に衣料品については、安い。

シャツが10枚まとめて200〜300バーツ、などといったビックリするような値段がついていたりもする。

あくまでメインは衣料品。単品ではなかなか売ってもらえないが、まとめ買いなら、安いとされているプラトゥーナム・マーケットよりもさらに安かったりもする。

もっともウィークエンド・マーケットで見られる、独自のデザインの、日本人にも喜ばれそうなオシャレな商品は、なかなか見つからない。

●ザ・パラディアム・ワールド・ショッピング

プラトゥーナム・マーケットにもほど近い市内中心部にあるビル。ホテルが隣接している。

1Fは。観光客を対象にしたお土産屋、旅行バッグ屋などが並ぶが、ぜひチェックしておきたいのが、地下1Fに並ぶ「シルバー屋」。

しかしシルバーだから売れるというのは昔の話なので、難易度はけっこう高い。

単価が高いために、もしも売れたら利益も上がる。ギャンブル色の強い商品ながら、20万円あればその一部を投下する価値はあるかも。

●バイヨークスカイホテル(BAI YOKE2)

空港に続くエアポート・レイル・リンクのラチャプラロップ駅のほど近くに建つバイヨークスカイホテル。高さ304メートル。85階建て。市街ではひときわ高い。

そこの地下1Fから4Fまでが卸売り専門のマーケットになっている。

比率的には衣料品関係が多いが、ここの特徴は、それらのデザインが、多く、あまりタイっぽくないこと。欧米人経営の店がけっこうあり、日本人がやっているところもある。

それだけに言葉は通じやすいが、価格的にはボーベイなどに比較すると、やや割高か。しかしオシャレ度は高い。

▲ボーベイ・マーケット

▲バイヨークスカイホテル

◀◀ザ・パラディアム・ワールド・ショッピング

「バンコクでの買い付けを語る」

松浦陽子

香川県出身。短大卒業後、大手アパレル会社に就職。さらに古着屋で買い付けの経験を重ね、セレクトショップ勤務などをへて、「アートユニオン」の買い付け担当者となる。

　今は、1か月のうち、2週間は日本にいて、あと1週はタイ、もう1週は中国に行ってきます。買い付けだけではなく、会社の新人バイヤーの教育係もやってます。

　タイでいうと、週末の1日はバンコクのチャトゥチャック・ウィークエンド・マーケットを回って雑貨、アクセサリーから衣類まで、あらゆるものを見て、もう1日はプラトゥーナム・マーケットで主に服を見て仕入れます。あと1日は洋服の生地市場を回って、残りは、カンボジア国境に近いアランヤプラテートという街に向かいます。大きな古着マーケットがあるんです。だからタイにいても、バンコクはその半分。

　バンコクについていえば、朝夕の道路の渋滞は異常です。朝の7時から9時、夕方の4時から6時くらいは、出来れば車で移動しない方がいい。

　しかし、そこを除くと、タクシー移動は、初乗り35バーツ（100円くらい）と安いし、モノレールや地下鉄よりもドアトゥードアなので、とても便利。買い付けすると、どうしても荷物も多くなりますから。バス利用もありますが、ローカル過ぎて、タイ語が読めないとなかなか使いこなせません。

　それにプラトゥーナム・マーケットなどは、駅から歩くと20分近くかかるんで、モノレールなども使いづらいんです。

　トゥクトゥクは、渋滞時には便利ですが、いちいち値段交渉しないといけないし、タク

シーよりもかえって割高です。

　チャイナタウンの方に行きたいなら、水上バスは割安です。しかし、これも初めて行くようなケースだと、どこで乗ってどこで降りたらいいか、なかなかわかりません。

　マーケットの特徴でいくと、プラトゥーナムは全体的に安い。Tシャツでも、100枚買って、1枚50〜60バーツとか、あります。

　ただし、7年くらい前は、ほぼすべてがタイ製だったのが、最近は半分近くが中国製になってます。私としてはぜひタイ・オリジナルが欲しいので、買う際には「これ、タイ製？」と聞くようにはしています。

　プラトゥーナムは日本語はまず通じないし、英語もあまり通じません。

▲▶水上バスも大事な交通手段。

一方のウィークエンド・マーケットは、こっちはインターナショナルです。バイヤーも世界各国から来てますし、英語もほぼ100%通じます。日本人観光客もとても多い。価格としてはプラトゥーナムの1.5倍くらい割高ですが、品数は豊富。雑貨を買うなら、こっちの方がいいです。

　雑貨なら、チャイナタウンのヤワラ—も品数豊富ですね。

　最初に行って戸惑うのは、店の人とのやりとりでしょう。でも、タイ人は親切なので、あまり苦労はありません。店に在庫がなくて、「家にあるから」と家まで連れて行ってくれて、商品を受け取った上で、ホテルまで送ってもらったことも何度かあります。

　慣れないうちは、あまりノコノコとついていくのも危険かもしれないですけど。

　バンコクでありがたいのは、まずTシャツが安くて、夏場に強いことですね。ちょうど手ごろな商品がたくさんあります。1枚60バーツ（約200円）のTシャツを1万枚仕入れたり。これが中国の広州あたりだと値段は倍くらいになってしまうため、利益が出ません。

▲コピーデザインの多い中国と比べると、バンコクのマーケットにはクリエイティブなデザインが多い。

　日本からデザインを持って行って、現地でプリントしたケースもあります。

　とはいえ、日本と比べて少し「いい加減」な体質なので、向こうに任せるとぜんぜんオーダーとは違うデザインの商品が送られてきたりすることも、ままあります。だから現地での細かいチェックは不可欠です。

　もっとも、まず20~30万円くらいで買い付けしようとしたら、Tシャツはちょっと難しいかもしれません。1枚500グラムくらいなので、せいぜいハンドキャリーできるのは百枚程度。全部持って帰るのはムリです。キロ200バーツくらいの送料で送れたりはするものの、割高になってしまって、利益がでません。関税もかかります。

　それなら、ウィークエンド・マーケットやチャイナタウンでアクセサリー中心で買っていった方がいいかもしれません。

　かさばるけど、サンダルなんかでは、掘り出し物がときどきあります。一足100バーツで買ったものが日本で5倍の値段で売れたり。

　ただしレザー物は、バンコクでは安くても、関税が高いので注意しましょう。

　まずは第一歩として、ウィークエンド・マーケットを一人で回ってみてください。ある程度の英語力は必要ですが、試しに値切ってみるくらいの強さがあれば、そんなに買い付けで困ったりはしません。

　狭い中に、一万軒以上のショップが並んでいるので、道に迷わないように気を付けてください。

「バンコクでの買い付けを語る」

吉村健一

昭和53(1978)年大阪出身。高校卒業後、バッグパッカーとしてアジアを放浪。一年間、ワーキングホリデーでオーストラリアで働いた後、タイ・バンコクに定住。タイ人女性と結婚し、日本企業とタイとをつなぐアテンドの仕事をしている。

　顧客の皆さんは、日本で店舗を経営している会社や、日本で卸売りをしている会社です。

　タイに買い付けに来られる際に、一緒にマーケットを回って、オーダーを代行したり、納期の確認や、商品の発送も行います。日本側とタイ側の間でトラブルが起きたら、日本側の交渉窓口にもなりますし、日本企業の委託でバンコク・マーケットを私自身が回って、新製品の写真を撮って、メールで送ることもあります。

　つまり、バンコクでの買い付けにおける、総合的なアテンド役です。

　街として見たバンコクは、いまだに発展途上です。物価もどんどん上がってますし、そこそこ贅沢も出来る中間層が増えている印象ですね。大手企業のサラリーマンや、中堅会社の若手経営者や、「羽振りのいい人」が目立ちます。

　日本人でも、以前なら、こちらに来てタイ人と一緒に食事をすれば、まず日本人の奢りでした。今はタイ人がおカネを払うケースも増えています。

　日本ともノービザで行き来できるようになって、取引きの件数も多くなっています。

　ヒドいのは、朝夕の道の渋滞。ただ、ほんの数年前に比べれば、ちょっと改善されているかな。

　マーケットでいうと、とりあえずどこも中国製品が増えてます。以前なら、チャイナ

タウンには多くても他では少なかったのに、向こうは工場で大量生産するんで、どこもメイド・イン・チャイナだらけになってしまう。

　でも、そういう製品は、中国で仕入れた方がいいかもしれませんね。

　こちらで買い付けるのなら、やはりメイド・イン・タイランドの、ハンドメイドの雑貨やポーチなどが狙い目でしょう。

　お店でも、中国系の経営者は、なかなか返品にも応じてくれないし、人柄の点でも、タイ系の人の方が付き合いやすいですね。

　ビジネス上の失敗は尽きません。

　こっちが発注したTシャツでも、勝手に違うデザインのものを送ってきたり。納期も、日本は厳しいですが、タイ側は南国特有ののんびり体質で、大幅に遅れたり。

　だから、前もって少し余裕をもって伝えたりはしています。

▲バンコクの道は渋滞が当たり前。

タイには「リメイク市場」としての側面もありますね。

古着なんかが、中国だけでなく、欧米などからも流れてきます。それにオリジナルのワッペンを貼って、日本で売るとか。

人はいいですよ。良すぎるのが、ちょっと困る。たとえ注文がこなせないのをわかっていても、断っちゃ申し訳ないと思うのか、「できます」って言っちゃう。結局できなくて、あとでこっちが慌てたりする。

買い付け中に「暑いでしょ」と飲み物を出してくれたりするのは、嬉しいですね。中国系では、ほとんどないけど。

値段の交渉は割合、楽です。「数多く買うんで、単価下げて」と頼むと、応じてくれる店が多いです。

▼外国人観光客であふれるカオサンロード。

　買う時も、荷物をいったん預かってもらっても、盗まれたりすることはほとんどありません。治安はいい方でしょう。

　初めてバンコクにやってきて、20～30万円くらいで買い付けしようとするなら、あんまりネット情報に頼り過ぎないことでしょうね。

　自分で直接、マーケットでものを見てから買った方が絶対にいいものが手に入る。

　それと、日本人だと、だいたいウィークエンド・マーケットにまず行くんですが、私は、カオサンロードもいいんじゃないかと思います。

　昔からの安宿街で、欧米や日本人のバックパッカーも集まっているし、シルバー、Tシャツ、エスニック商品など品ぞろえも豊富です。

　それに、カオサンロード自体も、私が初めてタイに来たころとはだいぶ雰囲気変わりました。

　昔はいわゆる「ヒッピー街」だったのが、今は、ちょっと「オシャレな街」に変わってきてます。レオナルド・ディカプリオが主演の『ザ・ビーチ』（2000年公開）っていう映画で舞台になったあたりからですかね。

　小ぎれいなホテルも増えて、日本の若い女性でも泊まりやすくなってる。だから安心して買い付けも出来ます。宿とマーケットは、なるべく近いほうがいいですからね。

　もっとも、まだ睡眠薬入れられて荷物全部取られた、なんてことも皆無じゃありません。一泊500バーツ以上の、セーフティボックスもしっかり完備している宿を選ぶべきでしょう。

　タイで買付けエージェントを始めて13年。ずっと日本のバイヤーと取引をして、日本人ならではの細やかさとスピーディーさ、タイに関する情報量の豊富さに定評がある吉村さん。僕も、バンコクではいつもお世話になっている。そんな吉村さんに買付けのお手伝いをしてもらいたい人は、以下のところに連絡してほしい。

　電話番号：+66-89-056-3226　メールアドレス：sakaron5@gmail.com
　定休日は土日どちらか

第4章
中国・広州で「買う」

北京、上海に次ぐ、人口では中国第三の都市が広州。世界有数の「雑貨」マーケットとしても知られている。羽田、成田から飛行機で5時間前後。福岡からなら約3時間半でいける。

JAL、ANA、中国国際航空、中国南方航空をはじめ、航空便の数も多い。香港経由で広州に入るルートもあるが、エアポート・エキスプレスという電車に乗り換えなくてはならないので、かえって面倒。

商品は豊富ながら、日本語はもちろん、英語もほとんど通じない。しかも国民性なのか、店員はあまりフレンドリーではない。それにスマホがなかなか思い通りに使えない。国の規制でフェイスブックやLINEも使えない。

つまり、海外買い付けに行く初心者にとっては、ソウル、バンコクと比べると最もやりにくいところ。

本来なら、代行会社を頼んで通訳を派遣してもらったり、買った品物を日本に送ってもらったりするのが普通だが、そうなると、もう何も買わないうちに予算オーバー、なんてことになりかねない。そこであえて、

「私は代行会社には頼らない」

と固い決意を持った人に、チャレンジしてもらいたい。

日本との時差は1時間遅れ。観光目的ならば入国した日から15日以内までビザなしで滞在できる。

●**通貨**：元。2018年でいえば、おおむね1元＝16~18円程度で推移。

●**両替**：銀行、ならびにマーケットに行けば、両替所もある。やはり、空港での両替は損。

●**携帯電話の設定**：政府によるインターネット規制で、LINEの利用もできないし、Google関連のサービスも利用不可。ホテルや街中でのWi-Fiサービスも規制されている。

　そこで、たとえば香港のキャリアのSIMを国際ローミングするなどして対処するしかない。

●**市内での移動**：地下鉄がとても便利。空港から市内まで向かう路線もある。市内で主要なマーケットに行くのにも、どこも近い駅がある。タクシーも、市内移動なら50元以内でだいたいどこにも行けるので、日本よりは割安。短い距離なら、自転車置き場にあるレンタルサイクルを使う手もある。

▲街中にあふれるレンタルサイクル。

買い付け先としての広州には、どんなメリットがあるのか？

市場規模が大きく、マーケットが充実している。

「世界の工場」といわれる中国の中で、その最大拠点ともいえる都市。だからこそ中国中からあらゆる商品が集まってくる。街全体がマーケットのような印象。

アクセス、インフラがしっかりしている。

地下鉄も6路線あり、道路網も中国全土と繋がっている。日本から行く場合でも、香港経由、広州直行を合わせると、行き来する便数の数は非常に多い。

治安もまずまず悪くはない。

もちろん、スリ、引ったくり、置き引きといった犯罪は他の街と同様、しばしばある。凶悪事件の数も昔は多かったようだが、今ははさほどではない。夜も、通常の場所なら女性一人でも出歩ける。

ただし、広州駅の北側エリアなど、やや危険な地域はある。

生産地とマーケットが併存している。

大きなマーケットを持つ都市でも、多くは生産地は離れていて、そこで作った商品を運んで来て売る。だが、広州についていえば、生産もその近郊で行われている比率が高く、大量の注文をしても、対応しやすいのが特徴。

▶路地を入ると「古い広州」が感じられる。

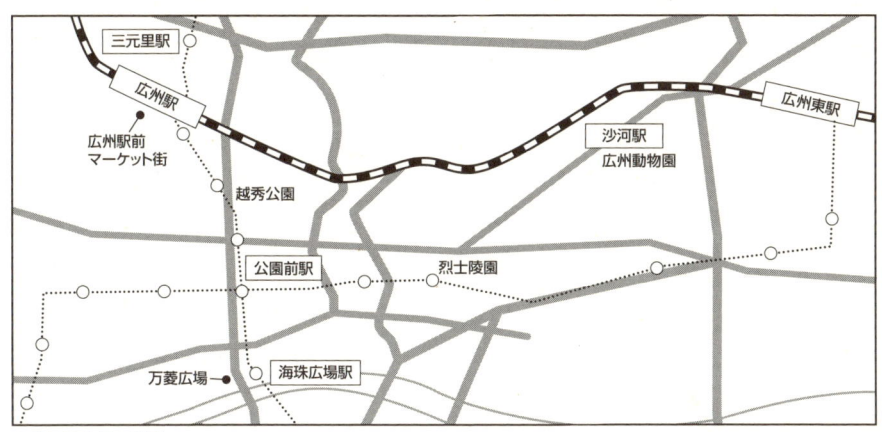

▲広州中心部・地図

予算30万円で行く広州

飛行機代・宿泊費

　7～8万円（探せば4～5万円のホテル付ツアーもある。香港経由で行けば、電車代を含めても、もっと安くなるかもしれない）

食費

　3泊4日として一日千～2千円くらい。（屋台での食事もできるし、マーケット内には数多くの食堂もある。一食300円くらいで十分においしいものが食べられる。コンビニも街中にある）

買い付けに使うおカネ

　20～25万円程度（中国の通貨で1万2～3千元前後）

主な商品価格帯

　雑貨類なら3～5元くらいの安いものも多いが、それでも日本で100均で売るとなると割高になってしまう。目安としては10元くらいで買った商品を、日本で700～千円くらいで売れば、十分な利益が上げられそう。そのくらいの価格帯の商品が比率的に多い。もっとも、最近は広州の物価も高くなってきていて、次第にソウルなどに近づいている。

▲ 10～20元程度の安いモノが多い。

広州の主なマーケット

◆万菱市場とその周辺にあるマーケット◆

●万菱広場

広州市の地下鉄2号線、6号線にある海珠広場駅。そこから4～5分歩いたところにあるのが、この万菱広場。

雑貨、おもちゃ、文房具、電気製品など幅広い商品をあつかう店舗が、地下1階から8階まで並んでいて、その上はオフィスになっている。その床面積だけで4万㎡、東京ドームの広さとほぼ変わらないのだから、巨大さがよくわかるだろう。

その中で、家具やインテリアについては、日本への輸送に手間と費用がかかるために、初心者がいきなり買い付けるのはちょっと難しい。

だが、それを除いても、あまりにも商品が豊富なので、一日中回っても、回り切れないくらい。営業時間はおおむね午前10時スタートの午後7時閉店といったところか。

かつては激安雑貨の中心地として、日本からも100円均一の店の関係者が多数買い付けに来たりしていた。だが、さすがに最近は元高円安傾向が強くなり、日本人の姿は少ない。

それでも、日本だったら千円でも売れそうなおしゃれなアクセサリーが5元（約100円）くらいで売っていたり、捜せば「掘り出し物」はありそう。

▲万菱広場

▲地下1階から8階まで、雑貨だけでなく、ありとあらゆる商品が揃っている。

●広州大都市靴城（広州大都市鞋城）

　通りをはさんで、万菱広場のほぼ向かいにある靴専門のマーケット。ブランド品の多くはコピー商品だが、本物の工場生産の余剰品を見つけることもある。

●国際玩具文具精品広場

　文字通り、オモチャや文房具が中心のマーケット。安い100均向けの商品が多い。

●十三行・新中国大厦

レディース服を中心に、シューズ、バッグ、ファッションアクセサリー等の問屋が集まる大型ファッションビル。広州には、こうした大型のアパレル問屋街がいくつかある。新中国大厦は広州市政府が力を入れて整備された巨大ビル。

●広州眼鏡城

　メガネの専門マーケット。ときによって、安いがデザインセンスのあるサングラスを日本に持って行って大きな利益をあげたりすることもある。

▲広州大都市靴城（広州大都市鞋城）

▲国際玩具文具精品広場

▲十三行・新中国大厦

▲広州眼鏡城

◆広州駅周辺のマーケット◆

●新東豪商貿城
　リュック、ポーチ、クラッチバッグ、トートバッグ、斜め掛けバッグなど、主にバッグ関係の問屋が集まるエリア。地下鉄で「広州火車駅」の隣りの三元里駅を出て少し歩く。

●広州南方国際钟表城
　時計問屋が集まるエリア。時計に限らず、時計バンド、収納ケースなども扱う。ブランド品らしきものも異常な安値で売られているが、もちろんほとんどはコピー商品。

▲新東豪商貿城

▲広州南方国際钟表城

◆その他のマーケット◆

●金馬服装交易城

　地下鉄6号線の沙河駅にほど近い、アパレルの問屋が集まるところ。レディースアパレル、雑貨、服飾小物などがある。やや若者向け。

　ほかにも、革製品をたくさん置くところ、インテリア商品を置くところなどいろいろだが、値段の問題、大きさ、重さなどの問題もあって、最初から手を出すのは、ちょっと難しい。

　まずは万菱広場だけをとことん回るとか、時計に狙いを絞って広州南方国際钟表城を一日かけて回る、といったようにピンポイントで活動したほうがいいかも。

　つまりそれだけ広州はマーケットが多すぎて、3、4日の滞在では回り切れないのだ。

▲金馬服装交易城

「広州での 買い付けを語る」

西村梨香

平成7（1995）年東京都出身。短大卒業後、「株式会社アートユニオン」入社。雑貨・アパレルを取り扱う「sevens」の販売員として渋谷パルコ店に配属。その後、原宿竹下通り店に異動。

　学生のころからアパレルに興味がありました。特にバイヤーと言う仕事に興味があり、今の会社では企画や生産、買付けなど色々な事に挑戦できる社風に魅力を感じ入社したのですが、まさか新卒一年目の入社半年足らずで海外の買付けに挑戦できるとは思っていませんでした。

　会社説明会では聞いてはいましたが、「なんでもやる！とにかくやってみる！！」精神で、経験の全くないスタッフでも、やる気があれば海外での買付けに挑戦できる「チャレンジバイヤー」という制度が、私の入社した2016年、数年ぶりに復活しました。

　前年、前々年新卒入社の先輩たちは半ば強制的に海外買付けに行くことが決まっていたのですが、さらに社員だけではなくアルバイトからも希望者を募集すると知って、思い切って当時のマネージャーに「私も行きたいです！！」と立候補しました。

　海外買付けの候補地は、会社が輸入している「中国」、「韓国」、「タイ」とあり、もともと私が好きだったのが韓国系のファッションだったので、なんとなく「韓国がいいかなぁ？」などと思っていたのですが、上司に「洋服メインの買付けなら、中国の広州の方が種類も豊富で絶対いい経験になるよ！」とアドバイスを受け、広州に行くことに決めました。

　初めて行ったのは2016年9月に4泊5日、翌年2017年4月には3泊4日で2度目の買付け出張です。

　日本を出発する前に、まずは会社の上司から一通りレクチャーを受けました。買付け時に必要な持ち物や、書類の書き方、おカネの計算方法などです。

　買付けに必要な持ち物は、電卓、筆記用具、バインダー、プリントアウト買付け表（書類）、とにかく写真を撮りまくるのでスマホは必需品。もちろんカメラでもいいんでしょうけれど、後々「LINE」や「WeChat」でやり取りすることが多かったのでスマホの方が便利でした。また、今の時代すべてスマホでもすむのですが、大変な量の情報を集めるので、メモなどはアナログな手書きの方がスムーズでした。

　おカネに関しては、レートだけではなく、現地の手数料、買付けした商品の送料、輸入に係る関税など、自社の倉庫に入荷するまで色々な費用がかかることを教わりま

▲事前のレクチャーを受けた上での出発。

した。また、事前にネットで競合他社をチェックし、どんな商品を買い付けたいか？価格はどのくらいか？　を細かくリサーチするようアドバイスも頂きました。

　私の場合は会社が全て手配してくれたので、条件は恵まれていたと思います。航空券からホテル、中国人の通訳、あらかじめ欲しい商品のイメージを伝えていたのでイメージにあった市場へのアテンド、支払いもその場ではなくあとからやってもらいましたし、日本に戻った後も買付けた商品の追加や、買いそびれた商品のオーダーなどもやっていただけました。

　もしも一人で広州買付けに行くとなったらヤバイですね。行ってみてわかったんですが、とにかく広くて街中いたるところに市場があって、日本では考えられないくらいの膨大な商品数！　とてもじゃないですが10回かよっても自分では行程を組めるとは思えません。

　上司の言った「広州の方がいい経験になる」の意味がちょっとわかった気がしました。

　初めて広州に行った時は、ゴミも多くて汚く、中国人が商品を雑に扱うのと無愛想

▲初めてだと、ついつい目移りしてしまう。

▲狭い店に商品がビッシリ。

なのに驚きました。ただ、どこに行っても店があり、ケンカ口調にも聞こえる中国語が騒がしく、活気ある印象です。

　買付け初日は、午前中から午後にかけて広州駅の東側にあたる沙河のアパレル市場、その後は万菱市場に近いバッグの市場や、アクセサリーの市場を見て回りました。上司に教わったように、カワイイと思ったら、まずは値段。それから在庫、発注ロットを確認してもらいます。お店の名刺をもらって、買付け表にメモって、写真を撮りまくります。写真は商品のデザインがわかるように、表と裏とで最低でも2枚。

　ただ、その場で買付けたりはしません。店の数がとてつもなく多いので、3軒先の店に同じものがもっと安く売ってたりなんて言うこともざらです。また、カワイくてデザインが洗練されている商品は逆に注意が必要なんです。中国ではコピー商品がとても多いので、その場で買付けてしまい、後から「やっぱりコピーだった！」なんてことになってしまうと、店でも売れなくなってしまうし、税関で没収なんてことも起きてしまいます。必ず一度持って帰って写真をネット検索し、コピーじゃないか確認したり、メモった情報をまとめ、何を、どこで、いくつ買うか決めて、翌日に買付け

る様にしました。

　初めての広州買付けは、あくまでチャレンジと言うか、海外の市場の雰囲気を感じてもらうというのが会社としての目的でもあったようで、あまり細かい指示は出ませんでしたが、2度目の広州買付けではちょっと違いました。
「韓国はあまりパンツがないから、広州でできるだけ集めてみて」
「羽織物のバリエーション足りないから、なるべくいいの探してよ！」
「まだ早いけど、夏物あったら買付けなくてもいいから、情報とってきてね」
　など、色々な宿題を出され買付け予算もちょっとだけ増えました。

　私が勤めている「セブンズ」は原宿竹下通り店を旗艦店に、新宿や池袋、横浜などで店舗を展開する、777円の洋服や雑貨などをシーズンの目玉商品として提供するお店です。価格帯からも、お客様は中高生が中心です。
　あまりおカネを持っていない中高生に喜んでもらえるよう、「安い」だけじゃなく「カワイイ」商品をセレクトしなくてはなりません。
　「安い」は販売されている相場を研究すれば客観的に定義できますが、「カワイイ」は主観が入ってしまいます。2度目の広州買付け前に上司にアドバイスされたのは、「カワイイと言ってもマニアックなものじゃなく、より一般ウケするものを選びなさい。あなた個人の趣味より、お店に来る普通の中高生が喜んで買いそうなモノを想像するの！」

　「好きな」商品ではなく、「売れる」商品を買いなさい、それが2度目の買付けにおいて、最大難関の宿題でした。

　2度の広州で私が買付けた商品は、入荷後全店に投入され販売されたのですが、売れた商品、売れなかった商品、いろいろです。
　一番売れた商品は、裾に網タイツをレイヤードしたショートパンツ、17元（300

円くらい）で買付けて1,477円で販売し、初回投入だけでは足りず、後に追加注文をしました。

　逆に売れなかったのは、花の刺繍のTシャツ。ショートパンツと同じ17元、販売価格も同じ1,477円。クチビル型のミニバックも売れず、在庫が残ってしまいました。

　網タイツも花の刺繍も、今季トレンドでしたが明暗を分けたのは、店での展開の仕方に差があったのではないかと考えています。「刺繍トップス」というジャンルで言えば、圧倒的にショートパンツの数量を上回った販売数量にはなるのですが、店舗には私の買付けた「花」だけではなく他のバイヤーの買付けた違う柄があったり、Tシャツに限らず、ブラウスやカットソーと様々な種類があり、商品が埋もれてしまって目立たなかった。それに対し、ショートパンツは店舗の中で品番数が少なかった為、トルソーのコーディネートに使ってくれていて、店頭での露出が高く目立っていました。

▲商品の種類も、とにかく豊富。

また、ミニバック自体は売れていたんですが、クチビル型に関しては、趣味が強すぎたのが反省点です。目立ってはいたので手に取るお客様は大勢いたのですが、購入までは至らず、あまり売れませんでした。

　日々、雑誌やサイトなどでトレンドは勉強していますが、トレンドだけではダメなんです。販売する立地環境や競合他社の状況、いらっしゃるお客様を研究して、さらに販売方法まで練って具体的な指示にまで落としこまないと、売れる商品も売れなくなってしまうんです。
　買付けを通して、バイヤーとしての仕事は売り方まで考えなくてはいけないということを実感しました。

　中国での買付けで最も重要なのは、「記録」に残すこと。中国人の店員は適当と言うか、その場では「1枚　20元」と言っていたのが、後になって「23元」と強引に言い張ったりします。注文を決めたら、しっかり注文書に書いてもらって確認しておかないといけません。たくさんの店を回り、圧倒的な物量の中から、いざ商品を決めたのに値上がってたらガックリきますからね。
　それから、持ち物の管理も重要です。私は事前に聞いていたので注意していましたが、先輩の中にはトートバッグを破られて、中の物を持っていかれる被害にあった方もいるそうです。幸い貴重品は持ち合わせていなかったので、大事には至りませんでしたが、バッグはチャック付きで、ショルダーバッグの様に肌身離さないものが良いでしょう。
　また、直接買付けとは関係ありませんが、重要と言えば「ウェットティッシュ」や「トイレットペーパー」も重要です。トイレにはトイレットペーパーが無いことが多いですし、食堂でおしぼりなど当然出ないので、手も洗えません。「食在広州（食は広州にあり）」の地で、お腹壊して美味しいものが食べられないのは残念ですからね。

やはり手助けなしに広州での買付けは難しいと感じた方へ

日本語サポートを頼める安心できるエージェントを紹介しておく。

『GALAXY DRAGON TRADING』

広州で仕入れアテンドを始めて11年の事務所。

日本との貿易専門の会社なので、日本語が堪能な社員が多く、日本語の細かいニュアンスも理解する。

すべての中国人スタッフが日本に滞在経験があり、日本人の考え方も良く理解しているし、東京に提携事務所があるため、日本での打ち合わせや仕入れも可能。

日々、日本の会社と仕事をしているので、日本の流行や問題をスタッフが把握しているし、ストレスを感じることもない。

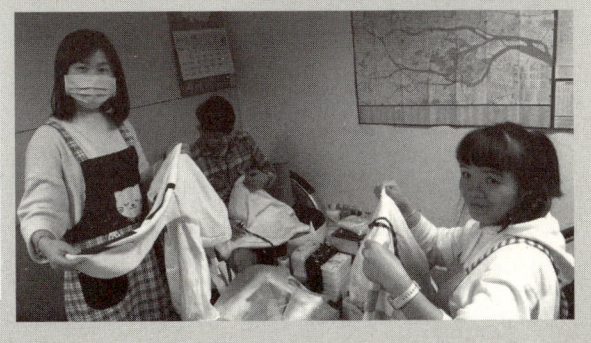

広州事務所の番号
+86-20-8332-5853

メールアドレス
info_auimport@a-u-inc.com

営業時間
平日
日本時間 10〜19時
現地時間 9時〜18時

第5章
買い付けた「輸入雑貨」の売り方

店舗で売る

　商品を買い付けたはいいが、ではいったいどんな形で販売して利益をあげるか？

　数十年前なら、ある特定の店舗に商品を卸して、売れた代金のうち店舗側の取り分を引いて残りを受け取る、というシステムが普通だった。

　あるいは自分自身が店を開いて、そこで売るとか。

　しかし、これはたくさんの資金を準備しなくてはいけない、「プロ」のやり方。資金30万円ではとてもムリ。

▲店舗を始めるには、おカネがかかり過ぎる。

フリーマーケット

　全国各地の公園や駐車場など、広い土地に、家で不要になったような商品を一般人が持ち寄り、そこで店開きをして、販売する。元々は物をカンタンに捨てるのではなく、必要としている人々に使ってもらいましょう！　というリサイクルを促進するイベントだったが、「ガラクタ」

の中に、思わぬ「掘り出し物」があったりして、大いに人気になった。

　近年は、一時に比べてだいぶ下火にはなっているものの、まだ各地で開かれている。

　会場と日時は雑誌やネットで調べればたくさん出てくるので、参加したいフリマをチェックし、申し込めばOK。

　出店の仕方でいえば、車に商品を載せて、そのまま指定の場所で出店するやり方と、電車などに乗って手持ちで商品を運んで参加するやり方がある。

　また、フリマによって、出店できる商品を家庭の不用品に限定していたり、プロの業者の参加を禁止したりするところもある。

ネットオークションとフリマアプリ

　今、最も現実的な販売方法としては、ネットオークションとフリマアプリとがある。

　といっても、その両方はそれぞれ別個にあるのではなく、たとえばネットオークションの中でも最大の「ヤフオク」にも、「フリマ出品」の機能はある。

　実はこの分野は、進化の速度が凄まじく、極端にいうと一日ごとに状況が目まぐるしく変わっている。

　たとえば、ほんの１、２年前は「ヤフオク」がトップを走っていたのが、最近、たちまちのうちにフリマアプリのトップ「メルカリ」が台頭。

　そのため、もともと商品の写真を３枚までしか載せられなかったヤフオクが、１０枚までOKにするなど、少しでも使いやすくして、売り手をメルカリに奪われないよう変えてきている。

　だが、そのメルカリにしても、後発の企業が次々に参入してくるため、いつまでトップの座を守れるかも不透明。楽天がフリマアプリの「フリル」を買収して本格的にフリマに参入してくるなど、目立った動きも激しい。

　ここに書かれていることも、あくまで２０１８年現在でのもの、として理解してほしい。来年には劇的に変化しているかもしれないので。

　とりあえず一応、オークションとフリマは、販売の目的によって、そのどちらかを選べばいい。

　この両者の最大の違いが、

「オークションは出品後に価格が上昇するが、フリマはあらかじめ決められた価格で売る」

　という点。

　つまり、メルカリの場合、最初に設定した金額より高くはならない。かえって買い手に頼まれて、値段を下げるケースがしばしば。

だから、フリマは、売り手が値段を決め、出来るだけ早く売ってしまうのに向いている。一方で、オークションは、中には価格をあらかじめ設定するものもあるが、基本的には買い手が値段を上げていき、売り手はその価格が決まるのをじっくりと待つ。

　「フリマ」は写真をスマホで撮ってすぐに出品できる手軽さもある。

　だからこそ、フリマはユーザーが若く、出品される商品も、どちらかというと安めのものが多い。オークションは、やや年齢層も高く、価格帯も高め、ないしは値段がはっきりとは決められないような商品が多い。

　だから、買い付けした商品でも、たとえば広州で一個10元とか、バンコクで5バーツでまとめ買いしたような雑貨を一個ずつ売るなら、フリマの方が向いているといえる。

　その一方で、10元で買ったアクセサリーを100個まとめて売りたい、といった場合は、値段の柔軟性があるオークションがよさそうだ。

　これがさらに千個単位となると、アマゾンで売った方が効率はいいのだが、手続きの難しさもあって、あくまで何千万、何億の売買をするプロの業者向け。

　また、デザインを気に入って買ってきたバック、などといったそこそこ値の張りそうなものは、オークション向きかも知れない。

　一応、ヤフオクと、メルカリについて、それぞれ簡単に触れておこう。

ヤフオク

　落札時の手数料は8.64％。出品するためにはYahoo!プレミアム会員にならないといけない。

　日本最大のネットオークションサイトだけに会員数と商品の品揃えは圧倒的。とはいえメルカリにだいぶ押されてきてはいる。

　決済には「Yahoo!かんたん決済」というシステムも導入され、運営側が支払いの代行をして、出品者と落札者が個人情報のやり取りをしないで済む形を選べる。

　「フリマ出品」については、Yahoo!プレミアム会員に登録する必要はない。ただ手数料は10％。

メルカリ

　手数料は、取引成立の時だけ、代金の10％がかかる。

　手数料自体は決して安いわけではないが、とにかくユーザー数が多いため、取引が成立しやすいのが強み。

　商品代金も、購入者が商品を受け取り、それを評価した上ではじめて出品者に渡るというシステムで、安全が保たれている。

　また、ヤマト運輸と提携した「らくらくメルカリ便」、日本郵便と提携した「ゆうゆうメルカリ便」という配送サービスを行っているのも大きい。全国一律料金の上に価格も安く、他のフリマアプリとの差別化にもつながっている。匿名での配送も出来る。

ネットショップ

　最後に、オークションやフリマで物足りなくなったら、自分自身がネットショップを開くというやり方もある。

　あらかじめ、パソコンやプリンター、デジカメなどが揃っていると、「BASE」などのアプリを使えば、無料でもスタートできる。

　つまりはネットの中にマーケットがあり、何千、何万もの店のうちの一軒を、自分の店舗にしてしまうということだ。

　あえて、そうしたアプリに頼らず、自分で独立したショップを作ってしまうこともできるが、それにはある程度以上のパソコンに関する知識が必要になる。

　一個ずつ売るのではなく、特定の商品をまとめて数百個売りたい、という場合などは、とても便利。

販売の要点・気を付けるべき10のポイント

オークション、フリマ、ネットショップなど、ネット販売について、
気を付けるべきポイントをまとめてみた。

ネットオークション、フリマアプリでも、一カ所だけに固定せず、さまざまなところに登録して売っていこう。

同じスマホアプリでも、「メルカリ」は高校生に強く、「フリル」は若い女性に強い、などの傾向がある。また、ネットオークションの「ヤフオク」は、高価格帯の商品でも購入する人は少なくない。

たとえ若者向き、と思っても、意外に中年層が飛びつくことだってある。商品は、数多くのサイトに出品してみよう。

フリマの場合は、特に売りたい金額より、やや高めの値段設定を。

フリマでは、どうしても購入者に「値切られる」ケースが多い。そこであらかじめ、やや高めに価格を決めておきたい。

送料を極力抑える工夫を。

「らくらくメルカリ便」をはじめ、管理者側も、送料を安くする工夫はいろいろしている。郵便局に行けば180円である程度のものは送れるスマートレターなどもある。

どうすれば安く送れるかを、常にチェックしよう。

シーズン、流行にも注意。

常識で考えても、もう冬が終わる時に、冬用の衣類を出してもなかなか売れない。また、すでに流行が終わった商品を高値で出しても動くはずがない。ハロウィン、クリスマスなどが近づくと急に売れる商品もある。

雑誌、ネットなどをチェックしつつ、今なら売れそうな商品を常に考えておこう。

アイデアのあるプラスアルファーを。

誰もが持っているような商品でも、シャツにワッペンを付けるような、たったワンポイント

の追加で「人気商品」に早変わりすることもある。プラスアルファ―の精神を忘れずに。

梱包には細心の注意を

　購入者の評価が、そのまま出品者の信用につながる。ことに評価に直結しやすいのが、商品の梱包。ずさんな処理は、一気に信用を落とす。「雑貨屋」での成功を目指すのなら、そこを大事に。

経費や税金の計算も忘れずに。

　経費をちゃんと計算しよう。いくら売り上げが上がっても、それ以上の経費がかかれば意味がない。利益を上げれば税金もかかる。収支はちゃんと記録しておこう。

売れる日時を意識した出品を。

　フリマアプリでは、給料日付近、土日、夕方から夜あたりが商品がよく動くといわれている。そうした日時に合わせた出品もぜひしていきたい。

期間限定のイベントにも注意。

　期間限定ポイントのイベントなどもしばしば行われている。いわばフリマアプリ上の特別セールなので、この時期も商品が動きやすい。

どこで売るかは、より柔軟に。

　前にもいったように、今はネットオークションならヤフオク、フリマアプリならメルカリがそれぞれトップに立っているが、わずか１、２年で勢力図がどう変わるかわからないのが、この世界。フリマアプリ市場に変わる、より新しい市場も生まれるかもしれない。
　自分が買い付けた海外雑貨をどこで売るのが一番いいか、柔軟に対応したい。

「ネットオークションと フリマアプリの使い方」

上野佳蒙

株式会社「シビア」にて、海外から買い付けた商品の販売を手掛けている。

　現実的にいって、今、海外から買い付けしたものを売るとなったら、やはりフリマアプリを利用するのが一般的でしょう。

　何千万円もかけて、より大規模にやるのなら店舗を持っても成立するし、フリーマーケットで売る方法もないわけではないですが、手間がかかり過ぎます。

　資金が30万円とすれば、かさ張らない雑貨を買い付けてメルカリで売る、というのが一番いい選択肢でしょう。資本もかからず、世界中の消費者とアクセスできるわけですし。

　かつてはメインはヤフオクだったんですが、2～3年くらい前からは完全にメルカリをはじめとしたフリマアプリが主流になりましたね。

　メルカリの前にフリルというフリマアプリもあったし、ジモティーも出てきましたが、今のところ、いろいろトラブルはあるものの、メルカリを脅かすところまではいっていません。

　メルカリがウケたのは、出品には手数料がかからず、落札された際に10%取られるところと、商品が届いてから出品者におカネが振り込まれる安全性が大きな原因でしょう。

　あと、大手・楽天の、フリルと合体した「ラクマ」もありますが。

　顧客の層も、だいぶ違います。

　かつてのフリルは、もう女性が9割。商品もアパレルが多かった。以前のラクマは、いわば転売サイトでチケットから洋服、スニーカーから色々あって、売る側はプロの業者が多かったです。合体でその両方の層の取り込みを狙ったのでしょう。

　メルカリは、もう何でもあり。中心は若者ですが、全体としては老若男女が参加していて、出品している商品も、かつて現金がそのまま出品されて問題になったみたいに、ほんとに何でもあり。

　ただ、最近は、そのお蔭で、相当監視は強くしてるみたいです。

　仮に中国や韓国、タイなどで雑貨、たとえばアクセサリーを買ってきたとしたら、まず考えられるのがヤフオクへの出品かな。

　もっともヤフオクの場合、PCの知識があった方がいいんで、もしそうでなければメルカリでの出品の方がいいでしょう。

　ヤフオクの「商品説明」は商品の内容や、発送法などを入力していきますが、タイトルには、その商品のポイントになるキーワードを、うまく30〜60文字の範囲内で全部入れます。

　それと商品情報入力は「HTML」を使います。これはウェブページを作成するために開発された言語で、現在、インターネット上で公開されてるウェブページのほとんどは、HTMLで作成されています。

　ヤフオクでは、これが使えるかどうかがけっこう重要です。

　使う文字は、白黒ではなく、カラフルにするといいです。

　大事なのは、購入希望者からの質問がなるべく出ないようにすること。

　たとえばミニカーだったら、汚れや破損はどれくらいあるのかとか、チェスなら駒の一つ一つが完全な形をしているかとか、アクセサリーでも、みんな傷の有無や、その状態などを細かく聞きたがります。実際に質問欄もある。

　そういう質問を前もって想定した上で、さらにどこで買ったか、レシートまで写真を撮って載せることもあります。

　信用と安全性を第一に考えなくてはいけない。

パソコンのがまとめて出品できるし、効率的なのですが、HTMLとかわかないし、メンドー、という方は、まずメルカリに絞って、慣れてきたらラクマ、ヤフオクにも出品してみるのがいいでしょう。1個数百円くらいの商品を売って、メルカリ一本で元を取るのは時間かかります。

　それにとりあえず、どこでも会員になるのは簡単ですから。

　写真も、一度撮れば、他にも兼用できます。

　写真に関していえば、無地の、特に白の背景が基本です。オシャレな背景は、かえって商品の邪魔にもなるし、物によってはセットで付いてくると勘違いされたりします。

　写真のクオリティについていえば、ヤフオクの購入者が、年齢層が高いので、割と厳しいです。だから、いい写真にしないと食いついてくれません。メルカリは若い人が多いので、そうでもないです。

　箱がついていて、たとえそれが汚れていても、補正したりしないで、そのまま出し

▶流行の商品は、街中で見ることができる。

た方がいい、ありのままが大切なんです。

　商品を真正面から撮ると、どうもシロートっぽくなるし、角度は45度くらい。上からも撮っておきましょう。

　で、最後の1枚は、裏、ないしは底の刻印や型番が付いているところを撮ります。それ見れば、商品の価値がわかるものがけっこう多い。アクセサリーでも、裏の傷の有無が重要なポイントだったりします。

　商品の例をあげるなら、ちょっと前に流行したハンドスピナーのような商品だけをまとめて買っても、最盛期は十分に採算が取れました。中国で10元で買ったものが、日本では千円で売れたりしましたから。

　写真も表と裏で1枚ずつ、横を1枚で、3枚でおさまります。

　結局、売る側も買う立場になって、「自分が買うならどこを見たいか？」を考えながら写真を撮ればいいのです。

　年代にもよります。メルカリは6～7割が高校生くらいの若者なので、シャツや帽子などについては、着用画像を欲しがります。自分が身に付けたらどう見えるかが、気になるんですね。

　あと、強いのが、アクセサリーや帽子、服などでも、「これはあの有名人も着ている」とアピールすること。けっこう効きます。

　だいたい、メルカリは基本4枚なんで、ななめ、後ろ、着用画像、タグの写真くらい揃っていればいいでしょう。

　メルカリなら最初のうちは月2～3万くらい利益が出ればいい、と割り切るべきかな。あまり欲張っても、いい結果は出ません。

　ある程度、取引の規模が大きくなったら、スマホだけではどうしても限界があります。

　パソコンで情報処理や編集作業が出来た方がいい。スマホでは文字に色は付けられないし、背景の汚れをとったりする作業もできません。

　メルカリだってパソコン知識があれば写真とり込んで、いろいろできます。

　売るためのテクニックと言ったら、みんな知ってるでしょうが、文字数1000字の中で、思い切り検索に引っかかりそうなキーワードを書き込むことでしょうか。特に

ハヤっているものは全部入れる。

　今、メルカリだけで出品が１日１億点以上ともいわれてますし、業者もたくさん参入しています。その中で生き抜くためには、キーワードがひっかかるようにするのが一番の近道。

　あと、メルカリだと、基本的には、同じ商品を一度に１個しか表示できないようになっています。でも、それじゃ効率悪いんで、１個売れたら、すぐまた１個表示されるシステムや、タイトルを変えて別の商品のように見せるやり方や、いろいろな手はあります。

　一番良くないのは、タイトルは商品名だけ、写真も１枚だけで済ませてしまうこと。ただ「iPhone 7 Plus」とあるだけで、商品説明もなにもないようなら、誰も不安で買わないでしょ。

　写真や商品説明には力を入れて、あとは毎日、同じ商品を出して、リストのトップにくるようにしておくことかな。

　初心者がプロと同じ土俵に立って競うわけですから、手を抜いていたら、成果は上げられません。

　最近の傾向としては、「minne」なんていうサイトでやっているような、安く商品を買ってきて、そこに一点手を加えて売る、といった手法が盛り上がってます。

　ニット帽を仕入れて、頭の部分にクリスマスツリーの飾りを付けてクリスマスシーズンに売り出すとか。特に主婦に人気です。

　あと、メルカリあたりでは、商品をシロートが生中継でテレビショッピング形式に売る「動画販売」も増えてます。

　テレビショッピング形式といえば、日本から動画を送って中国で買う、みたいな国境を超えた「動画販売」も目立ってきました。

　初心者だって、ちょっと売り方を工夫すれば、チャンスはたくさん転がっていると思います。

旅して稼ぐ 海外雑貨バイヤーズガイド

2018年7月20日　　初版発行

著者　　　青木ヨースケ
発行　　　㈱アートユニオン
　　　　　〒150-0001 渋谷区神宮前2-32-4-1001
　　　　　TEL03-6434-9656　FAX03-6447-4316
発売元　　㈱星雲社
　　　　　〒112-0005 東京都文京区水道1-3-30
　　　　　TEL03-3868-3275　FAX03-3868-6588
デザイン　下鳥怜奈（スタジオ・ハードデラックス）

印刷所　　モリモト印刷
＊定価はカバーに表示してあります。
ISBN978-4-434-24883-2　　C0034